VIE

PUBLIQUE, PRIVÉE ET MINISTÉRIELLE

DE

M. PEYRONNET,

Ex-garde des sceaux et ex-ministre de l'intérieur.

Naissance de M. de Peyronnet. — Il se consacre au barreau. — Se signale à Bordeaux comme spadassin. — Se marie. — Sa femme est obligée de l'abandonner. — Devient successivement président de tribunal, procureur-général, garde des sceaux et ministre de l'intérieur. — Signe les fameuses ordonnances du 25 juillet. — Son arrestation à Tours. — Sa translation à Vincennes ; ses interrogatoires. — Mise en accusation des ex-ministres MM. de Polignac, de Peyronnet, de Chantelauze, de Guernon-Ranville, d'Haussez, Capelle et de Menthel, devant la Chambre des Pairs.

A PARIS,

CHEZ GAUTHIER, EDITEUR, RUE MAZARINE, Nᵒ 49;

VEZARD, LIBRAIRE, PASSAGE CHOISEUL, Nᵒ 46.

1830.

CHARLES-IGNACE

DE PEYRONNET,

Né à Bordeaux, en 1776.

VIE

PUBLIQUE, PRIVÉE ET MINISTÉRIELLE

DE

M. PEYRONNET,

Ex-garde des sceaux et ex-ministre de l'intérieur.

Charles-Ignace de Peyronnet naquit à Bordeaux, vers 1776; son père avait acheté une charge secrétaire du roi, charge qui donnait la noblesse *. C'est probablement cette noblesse qui fut la cause de sa mort sous le règne de la terreur.

M. de Peyronnet fils fit son droit, tant bien que mal, chez un *ancien*, et fut reçu avocat à une époque où l'on recevait tout le monde. Lancé dans la carrière de Thémis, il cherchait à s'y faire un nom. Comme avocat, il ne brillait qu'au troisième rang du barreau de Bordeaux. On remarquait cependant en lui une éloquence prétentieuse et boursoufflée, qui charmait le vulgaire, sur lequel les phrases et les mots font plus d'impression que les bonnes raisons exposées avec clarté et simplicité.

Toutefois la médiocrité de cet avocat était amplement compensée à ses propres yeux, par les avantages extérieurs dont la nature l'avait doué; il était

---

* Cette charge était caractérisée sous le nom de *savonnette à vilain*.

bel homme, et ce titre seul, qui en vaut bien un autre auprès des femmes, lui valut quelques bonnes fortunes qui enflèrent son orgueil, et le firent réputer pour un des fashionables les plus distingués de Bordeaux. Prodigue par ostentation, il dépassait journellement le budget de ses recettes. Alors il fallait, recourir aux expédiens pour se procurer de l'argent, qui est le nerf de toutes les affaires bonnes ou mauvaises.

Hautain par caractère, Peyronnet fut souvent obligé de tirer l'épée, ce qui lui acquit la réputation de spadassin, réputation qui le plaça sur la ligne des Duclos *, des Sterling, des Lercaro, qui étaient alors ce qu'on appelait les *crânes* de bonne compagnie de la ville de Bordeaux; aussi partagea-t-il assez souvent les bonnes ou mauvaises aventures de ces Messieurs, parmi lesquelles nous croyons devoir rapporter la suivante.

À une représentation du *Roi de Cocagne*, le parterre était garni de jeunes fashionables de Bordeaux et des crânes dont nous venons de parler. L'immortel auteur de la *loi d'amour*, Peyronnet, était parmi eux. Le spectacle était commencé. Tout à coup un essaim d'étourdis se lève spontanément, et se tourne vers la loge qu'occupait le général Lannes. Tous lui font l'insolente application des paroles du Roi de Cocagne : *Ici tout est musicien jusqu'aux ânes.* Tous insultent le héros de Montebello par d'inconvenantes huées, qui ne cessent que lorsque les Basques, mandés à la requête du général insulté, paraissent et font main-basse sur cette troupe d'assez mauvais sujets. Duclos, Peyronnet et leurs imprudens amis sont conduits à la prison de la Maison

---

* Plus connu à Paris sous le nom de *l'homme à la longue barbe* du Palais-Royal.

Commune; ils furent mis en liberté quelques jours après.

M. de Peyronnet se maria fort jeune avec Mlle Perpignan, femme d'une rare beauté; mais cette union ne fut pas heureuse. Mme de Peyronnet, ne pouvant vivre avec un homme dont la conduite ne lui convenait point, fut forcée d'abandonner son époux, en lui laissant plusieurs gages de sa tendresse. Celui-ci, pour s'en consoler, vécut avec la sœur de sa femme, dont le caractère sympathisait mieux avec le sien. On prétend qu'ils vivaient comme deux tourterelles, et qu'on les citait comme des modèles de tendresse, de fidélité et de constance, ce que nous ne pouvons garantir.

Peyronnet n'était encore connu dans son pays que par sa tournure agréable, ses duels fréquens, ses dépenses et quelques vers de société, lorsque les troupes anglo-espagnoles entrèrent en France. Il se déclara alors chaudement en faveur des Bourbons, et fut un des hommes qni figurèrent à la journée du 12 mars.

Son dévouement et son zèle ne restèrent pas sans récompense; il fut nommé, en 1816, président du tribunal de première instance de Bordeaux, poste qu'il occupa tant bien que mal pendant deux ans, au bout desquels il obtint celui de procureur-général près la Cour royale de Bourges, où il se transporta avec Mlle Raymond de Perpignan, sa belle-sœur, sa belle-mère et deux de ses filles. Dans cette fonction importante il se comporta comme les membres de tous les autres parquets des tribunaux de France, qui, par une perfide émulation, n'ouvraient la bouche que pour calomnier la liberté et pour s'élever contre nos garanties sociales.

Ce fut en qualité de procureur-général qu'on l'appela à Paris, pour soutenir, conjointement avec feu de Marchangy *, l'acte d'accusation porté devant la Chambre des Pairs contre les prévenus de conspiration du 19 août 1819. On se rappelle l'acharnement qu'il mit à prouver la culpabilité de ces militaires, et les conclusions qu'il prit, lesquelles lui valurent plus tard le reproche d'avoir demandé vingt-huit têtes **.

Dès ce moment, la faction qui visait à l'anéantissement de la loi des élections, du 5 février 1817, crut avoir trouvé l'homme sur le dévouement duquel elle pourrait compter dans l'occasion. La même année, Peyronnet fut nommé député par le département du Cher, dont on avait travaillé les élections à l'aide de la fraude et de la corruption.

Comme l'impartialité nous fait un devoir de dire la vérité, nous avouerons à la louange de Peyronnet qu'il suivit la marche du ministère, lorsqu'il semblait vouloir la Charte tout entière, et qu'à l'occasion d'une cérémonie, qui eut lieu à la Cour royale de Bourges, il prononça un discours tellement constitutionnel, qu'on l'aurait cru sorti de la plume d'un des députés du côté gauche. Ce discours fut envoyé à M. Decazes *** et imprimé dans plusieurs journaux.

Mais Peyronnet vit bientôt que ses vues ambitieuses ne pourraient jamais être remplies s'il se plaçait dans les rangs des constitutionnels; aussi, s'empressa-t-il d'en sortir, et d'abjurer les principes qu'il avait émis dans son discours. Il fut nommé pro-

---

* On se souviendra long-temps des réquisitoires homicides de ce procureur-général, pour qui la justice n'était qu'un mot vide de sens.

** *Voyez* Casimir Périer, séance de la Chambre des Députés, du 24 juillet 1822.

*** C'est cet ex-ministre qui rétablit le système de *bascule*, qui avait déjà été employé par le Directoire.

cureur-général près la Cour royale de Rouen, où il n'est jamais allé ; il préféra rester à Paris, vaste théâtre d'intrigues, où sa constante occupation fut de capter la bienveillance protectrice d'une princesse.

Bientôt on apprit que Peyronnet était sur les rangs pour le ministère de la justice (on pouvait choisir mieux) ; effectivement, lorsque le 15 décembre 1821 la composition du ministère Villèle fut connue, on y vit Peyronnet comme garde des sceaux. Cette élévation rapide, qu'aucun antécédent, si ce n'est un dévouement aveugle à la faction qui le poussait, ne semblait justifier, étonna toute la France, et déplut à plusieurs hauts magistrats, qui laissèrent éclater leur mécontentement d'avoir pour chef M. Peyronnet.

On chercha alors à connaître quels avaient été les droits de ce procureur-général au ministère de la justice, et l'on sut qu'ayant été assez heureux pour faire gagner, en appel, un procès que Mme Du Cayla *, séparée de son mari, et réclamant la tutelle de ses enfans, avait déjà perdu à Bourges, cette haute et puissante dame n'avait trouvé d'autre moyen de lui témoigner sa reconnaissance qu'en l'imposant à M. de Villèle, lors de la composition de son ministère. C'est ainsi que M. Peyronnet est parvenu à être garde des sceaux.

Le début de ce magistrat dans la carrière ministérielle ne fut heureux ni pour lui ni pour la France. Le 2 janvier 1822, il parut à la Chambre des Députés pour la première fois, et ce fut pour y présenter

---

* Cette maîtresse de Louis XVIII, immensément riche des bienfaits de ce monarque, s'occupe aujourd'hui de spéculer sur les mérinos, dont elle a des troupeaux considérables.

le projet de loi sur la police de la presse ; cette loi de *répression* que M. Bignon, membre de cette même Chambre, avait si bien qualifiée en l'appelant loi d'*oppression*, renvoyait les prévenus des délits de la presse, devant les Cours royales, les enlevant ainsi au jury ; elle accordait à ces Cours la faculté de suspendre ou même de supprimer les journaux qui auraient une *tendance* * à porter atteinte à la paix publique, à la religion de l'Etat, à l'autorité du roi, etc., et donnait au roi la faculté de rétablir la censure par une simple ordonnance contresignée par les ministres.

M. de Peyronnet, comme garde des sceaux, chargé de soutenir ce projet de loi, commença le 23 janvier par un discours qui donna une singulière idée de la force de ses argumens et de son éloquence ; chaque paragraphe en fut accueilli par les éclats de rire les plus ironiques du côté gauche, dans le cours de la discussion, où furent sacrifiés les faibles restes des libertés publiques, et dans laquelle la majorité victorieuse se rit des vains efforts d'une minorité impuissante, qui n'avait plus pour elle que la raison et la nation.

M. le garde des sceaux prit souvent la parole ; il déclara ensuite que les ministres étaient les seuls juges de l'opportunité des explications qu'ils ont à donner, et qu'il n'appartenait à personne de les interpeller.

La singularité des phrases de M. de Peyronnet avait tellement l'avantage d'exciter l'hilarité des

---

* Ce mot *tendance* est très-élastique et fort propre à supposer des crimes et des délits où l'on aurait de la peine à en découvrir les traces. C'est un texte dont on peut faire découler avec art les conséquences utiles et profitables à son parti.

membres du côté gauche que le général Lafayette en perdit sa gravité, et répondit un jour au garde des sceaux en parodiant ses propres expressions.

M. de Peyronnet n'en affronta que plus audacieusement la tribune, et il fallut enfin s'habituer à son éloquence; mais, une chose à laquelle on s'habitua plus difficilement encore fut le ton hautain et quelquefois arrogant qu'il prenait à la Chambre : c'était probablement pour imiter son prédécesseur, M. Pasquier.

Peyronnet fut créé comte le 17 août 1822.

Il jouissait paisiblement des honneurs et des prérogatives de sa place, lorsque le diable lui suscita un beau matin Mme de Peyronnet, sa chère épouse, qu'il n'avait pas vue depuis quinze ans, et qu'il avait abandonnée à la garde de Dieu et de la Providence. Arrivée à l'hôtel de sa grandeur, il y eut un dialogue assez vif entre les deux personnages. Pour se délivrer de la présence de sa femme, il fut forcé de lui assurer une pension de 12,000 fr. Qu'est-ce qui paie cette pension ? sur quoi est-elle assignée ? c'est ce que nous ignorons; mais on peut présumer, avec quelque raison, qu'elle doit nécessairement entrer dans le budget de la nation.

Revenu de la frayeur que lui avait causée Mme la comtesse, M. le garde des sceaux s'occupa de laisser à la postérité quelques actes marquans de son administration. On lui doit, outre sa participation au renversement du système constitutionnel en Espagne, l'abrogation du décret du 14 décembre 1810, relatif à l'ordre des avocats, dont M. de Peyronnet a voulu déterminer la discipline; la loi sur les délits commis dans les églises, ou à l'occasion de l'exercice des cultes, plus connue sous le nom de loi du sacrilège; on lui doit sa coopération à la loi qui a établi la septennalité à la Chambre des Députés; l'ordonnance snr les retraites des juges pour cause d'infirmités, dont les dispositions rendent illusoire l'inamovibilité de ces mêmes magistrats; enfin, il a signé l'ordonnance du 15 août 1824, qui rétablissait la censure des journaux, sous le spécieux et absurde prétexte que les moyens de répression établis par la loi du 17 mars 1822 étaient devenus insuffisans. Charles x abrogea cet acte lors de son avénement au trône. La révolution de 1830 a fait justice des autres lois et ordonnances.

M. le comte de Peyronnet faisait partie de ce qu'on appelait le triumvirat ministériel; et s'il n'eut pas autant d'influence que M. de Villèle, sur les affaires publiques, il fut au moins celui qui se distingua le plus dans l'exécution des mesures liberticides prescrites par le chef du ministère.

M. le comte ne renonça pas à son goût pour le genre petit-maître; et s'il ne portait pas la simarre avec dignité, du moins la portait-il avec beaucoup de grâce; il aimait à se dessiner, surtout quand il jouait au billard avec Msr l'évêque d'Hermopolis *. On assure, et nous n'avons pas de peine à le croire, que l'ameublement de sa chambre avait coûté 30,000 fr. La fierté naturelle du comte de Peyronnet s'accrut en raison de son élévation; il exigea que son fils, sa sœur et ses proches lui donnassent le titre de *grandeur*.

A peine M. de Peyronnet fut-il ministre qu'il plaça son fils, Edouard, substitut à la Cour royale de

* L'abbé Denis Frayssinous, évêque d'Hermopolis *in partibus*, est un personnage politico-religieux, qui fut comblé d'honneurs, de dignités et de richesses par Louis xviii et Charles x; ennemi acharné des principes libéraux, il embrassa le parti des jésuites avec fanatisme. Excellent joueur de billard!

Paris, et bientôt, après l'avoir avantageusement marié, il le nomma avocat-général. Il maria une des deux filles qui le suivirent à Paris à M. d'Alon, fils d'un ancien conseiller au parlement de Bordeaux. Le mariage fut approuvé par le roi, qui fit le cadeau de nôces. M. d'Alon, nommé maître des requêtes, obtint la sous-préfecture de Saint-Denis, la croix d'honneur et un traitement de 15,000 fr. ; bientôt après il fut nommé préfet du Cher.

M. de Peyronnet maria sa seconde fille à un jeune homme fort riche, fils d'un marchand de bois ou de vin de Tournon, nommé Alfred Boutaud, qui prit le nom de La Villéon, et qui, après avoir été reçu avocat, fut créé baron.

Ce fut M. le comte, garde des sceaux, qui présenta, à la Chambre des Pairs, le projet de loi sur le droit d'aînesse ; et le lendemain parurent les vers suivans :

LES DEUX SŒURS.

« Est-ce, ma sœur, en qualité d'aînée
Que tu le prends aujourd'hui sur ce ton ?
Je ne le suis, ma sœur, que d'une année ;
Cela d'ailleurs n'est pas une raison :
La primauté que nous accorde l'âge
Est pour le sexe un si triste avantage !
Tel magistrat, que j'en crois sur ce point,
Fort clairement s'est exprimé d'avance :
De frère à frère, il fait la différence,
De sœur à sœur il ne distingue point *. »

Nous n'avons considéré jusqu'ici M. le comte de Peyronnet que comme avocat, magistrat, ministre et orateur, nous allons le faire connaître sous un

* Nous avons déjà dit que M. le comte de Peyronnet vivait avec la sœur de sa femme.

autre point de vue. *Non solùm togâ*, c'est la devise chérie du ministre, et Bordeaux en sait quelque chose. M. de Peyronnet a sacrifié aux Muses, et nous citerons en preuve quelques fragmens d'une pièce de vers sur l'*Indifférence*, imitée de Métastase, adressée à Zelmire :

L'INDIFFÉRENCE.

Si l'on te dit que tu me plais,
Vas, ne crois pas à ce langage ;
Si l'on te dit que je te hais,
On te trompe encor davantage.

Tu peux, au gré de tes désirs,
M'accabler d'éloge et de blâme,
Sans que j'éprouve au fond de l'ame
Ni ressentimens ni plaisirs.]

Je puis te voir triste, inquiète,
Saus perdre ma sérénité ;
Et sans partager ta gaîté,
Te voir joyeuse et satisfaite.

Tu peux demeurer ou partir,
Ou parler ou rester muette,
Sans que jamais je te regrette,
Sans que je te trouve indiscrète,
ou que je songe à t'applaudir.

Je puis de tes folles amours
Ouïr le récit sans me plaindre ;
Sans te désirer, sans te craindre,
Te voir des plus brillans atours
Toujours te parer, et toujours
De l'art de séduire et de feindre
Tenter l'inutile secours.....

Vas, Zelmire, il faut sans retour,
Bannir une espérance vaine ;
Je ne saurais porter ta chaîne,
Ne fût-ce même qu'un seul jour,

> Et je ne veux prendre la peine
> Ni de justifier ta haine,
> Ni de mériter ton amour.

La comtesse Zelmire, piquée au vif par le ton cavalier du poëte des bords de la Garonne, lui répondit par une autre pièce de vers dont on a retenu le quatrain suivant :

> Pourquoi (dit-elle) d'un ton fat et moqueur,
> En une molle paraphrase,
> Trahir à la fois Métastase
> Et les chastes vœux de mon cœur ?

M. de Peyronnet, membre du fameux triumvirat, seconda de tout son pouvoir et de ses poumons les projets de lois désastreux de ses deux collègues Villèle et Corbières, dont les noms n'iront à la postérité, ainsi que le sien, que chargés des malédictions de toute la France. Les journaux eurent beau s'égayer à leurs dépens et les stigmatiser des plus violens sarcasmes, ces trois partisans de l'absolutisme n'en poursuivirent pas moins l'exécution de leurs criminels desseins. L'ironie quelquefois se mêla aux justes inculpations que l'on faisait à ce triumvirat de malheur :

> La candeur, le génie et les belles manières
> Distinguent Peyronnet, de Villèle et Corbières ;
> Corbières, de Villèle et mons de Peyronnet
> Sont un rare trio fait pour le cabinet ;
> Et des hommes d'Etat le plus parfait modèle,
> Se trouve en Peyronnet, Corbières et Villèle.

Mais revenons à M. Charles-Ignace de Peyronnet, dont on nous a communiqué l'esquisse du portrait.

« M. de Peyronnet est d'une taille moyenne ; elle a dû être bien dans sa jeunesse ; mais maintenant elle grossit et il *prend du ventre*, suivant une expression usitée. Sa tête est trop forte pour son corps ; ses cheveux deviennent rares, et son front est entièrement découvert. Sa figure n'a rien de régulier, et prouve que ni l'inoculation ni la vaccine n'étaient connues à l'époque de sa naissance. Ses yeux grands, très-ouverts, ont quelque chose de dur, de hautain, qui les empêche d'être très-beaux, et depuis les fameuses ordonnances, ils sont habituellement rouges, sanglans même. La démarche de M. de Peyronnet est altière; on pourrait peut-être se servir d'un mot plus juste. Il paraît que le temps n'épargne pas M. de Peyronnet, et que ses honneurs ont grandi à mesure que les charmes de sa personne ont disparu *. »

La chute de MM. de Villèle et de Corbières amena celle de M. de Peyronnet : le ministère Martignac leur succéda, en attendant celui de M. de Polignac. Ce dernier, installé le 8 août 1829, et qui voulait nous conduire au régime du *bon plaisir*, voulut faire d'abord quelques essais qui ne lui réussirent pas. Incertain dans sa marche, dépourvu de lumières et incapable d'apprécier le temps et les circonstances, ce ministère ne fit que des fautes, et commit des crimes et des injustices, sans en prévoir les fâcheux résultats; mais, persévérant toujours dans ses noirs projets, et résolu d'en finir par un coup d'Etat, il crut devoir s'adjoindre un personnage qui pût le seconder dans sa périlleuse entreprise, et ce personnage fut M. de Peyronnet, qui fut alors nommé ministre de l'intérieur par la grâce de M. de Polignac.

Le 25 juillet 1830, furent rendues les fameuses ordonnances; elles parurent dans *le Moniteur* le 26, et le 27 commença la résistance du peuple, qui crut avec raison devoir chasser un roi et des ministres qui

---

* Si le docteur Gall eût tâté le crâne de l'ex-ministre, il aurait pu nous dire quelle était la bosse qui prédominait le cerveau de l'auteur de la *loi d'amour*.

conspiraient ouvertement sa perte et sa ruine. On connaît les résultats des journées des 27, 28 et 29 juillet, qui renversèrent une dynastie née pour le malheur de la France.

Charles x, obligé d'évacuer le royaume, fut d'abord accompagné par ses ministres. Mais ceux-ci, craignant la juste vengeance du peuple, l'abandonnèrent bientôt, et chacun d'eux prit le chemin qu'il présumait pouvoir les dérober à la poursuite des citoyens et des militaires.

Aussitôt que la nouvelle des événemens de Paris fut arrivée à Tours, la jeunesse entière se souleva pour faire la police, et visiter toutes les voitures de poste qui arrivaient par la route de la capitale. Le 2 août, vers une heure après midi, une méchante chaise fut ainsi arrêtée sur le pont; on la conduisit à la mairie. Un homme qui était dans cette voiture, interrogé sur ses noms et qualités, dit être le courrier de la maison Rotschild *, et le porteur de dépêches pour la femme de ce banquier. On allait laisser la voiture partir, quand, par un hasard singulier, le postillon se retourne et dit au courrier : *Et ce Monsieur, qui est descendu au bout du pont, où est-il donc? — Quel Monsieur?* s'écrient de toutes parts les citoyens. Le courrier questionné, est obligé d'avouer qu'un particulier qu'il ne connaît pas lui a demandé en route à monter dans sa voiture, en le défrayant de la moitié du prix de la poste ; qu'il est descendu à l'entrée du pont, dont, a-t-il dit, il désirait admirer la beauté; promettant de rejoindre à la poste ses camarades de voyage. On demande le signalement de cet individu, dont la disparition fait naître des soupçons.

* Ce banquier, juif d'origine et de profession, passe pour le faiseur d'affaires d'argent le plus riche de l'Europe.

Après un instant de délibération, on se décide à aller à sa recherche. Des gardes à cheval courent jusqu'à la première poste pour arrêter le personnage, s'il rejoint sa voiture. Deux autres, MM. Pécart et Froger, négocians, offrent de courir à pied sur la route de Bordeaux; ils partent, interrogent tous ceux qu'ils rencontrent, et bientôt ils apprennent que l'*homme à rédingote bleue* est passé, et qu'il doit être sur la route à un quart de lieue environ. On se met en course, et sitôt qu'on l'aperçoit, on crie de loin : *Arrêtez, arrêtez cet homme !* et cependant l'individu redoublait de vitesse. Enfin, un vieux garde-champêtre de Grammont, se précipite sur lui, et lui crie : *Au nom de la loi, je vous arrête !*..... Il le saisit au collet, et on le ramène à la poste.

Le demi-déguisement de cet homme, car il avait pris une perruque, des bas de laine et de gros souliers, qui contrastaient avec sa tournure et les autres parties de son habillement, font soupçonner le fameux Peyronnet. On le questionne, il donne le nom d'un négociant de La Rochelle, qui n'est connu de personne ; mais bientôt le ministre est reconnu par M. Forest, avocat ; par M. Chalmel et plusieurs autres, et finit par convenir qu'il est en effet Peyronnet.

L'embarras fut grand de le soustraire à la fureur du peuple assemblé, qui poussait les cris effrayans : *Tuons-le! tuons-le!* Il fallut toute l'intrépidité de la garde nationale pour contenir les citoyens qui voulaient qu'on le tuât dans la crainte qu'il n'échappât. Enfin, on convint qu'il serait conduit dans la prison dans une voiture découverte de la poste, afin que le peuple fût bien convaincu qu'il ne serait pas soustrait à la justice du pays. Ce qui fut exécuté au milieu des vociférations et des malédictions publiques. Deux personnes, dont l'une est M. Chalmel, le couvraient de leur corps de peur qu'il ne fût atteint par quelque arme. Il arriva à la prison, où il fut étroitement gardé.

Deux autres arrestations importantes furent faites dans la même ville de Tours : ce furent celles des ministres Chantelauze et Guernon de Ranville, tous deux signataires des fameuses ordonnances. Le premier fut arrêté dans la campagne, errant et cherchant sans doute à passer la Loire. Remis à la gendarmerie, ils furent conduits en prison, où ils déclarèrent leurs noms.

Tandis que ces choses se passaient, le gouvernement annulait la nomination des pairs faite par Charles x : alors M. de Peyronnet, créé pair le 4 janvier 1828, fut rayé du tableau.

Cependant l'ex-ministre de Peyronnet, dans sa prison, affectait beaucoup d'insouciance et de gaîté. Il faisait, comme l'on dit ordinairement, contre mauvaise fortune bon cœur.

Le gouvernement, instruit de l'arrestation à Tours de MM de Peyronnet, Chantelauze et Guernon de Ranville, donna des ordres pour la translation et la conduite de ces trois ex-ministres à Paris. Sachant qu'ils arriveraient dans la capitale, dans la nuit du 27 août, un piquet de garde à cheval fut dirigé à une heure du matin, vers Mont-Rouge, où un officier de l'état-major-général de la place attendait la voiture qui amenait les prisonniers. A trois heures, cette voiture parut ; le détachement de la cavalerie parisienne l'entoura, et accompagna jusqu'à Vincennes MM. de Peyronnet, Guernon de Ranville et Chantelauze ; ce dernier occupait le coupé de la diligence, ayant à ses côtés deux gardes nationaux de Tours ; M. de Peyronnet avec cinq autres gardes nationaux, était dans l'intérieur ; dans la rotonde était M. Guernon de Ranville, également bien gardé. Vers sept heures du même jour, M. de Polignac, sous l'escorte d'un officier d'état-major, est arrivé de Saint-Lô, dans une voiture particulière, et conduit également à Vincennes.

M. le procureur général et M. le procureur du roi attendaient à Vincennes les prévenus, et les ont écroués dans l'appartement qui leur avait été préparé.

MM. de Chantelauze et Guernon paraissaient abattus; M. de Ranville persista, dit-on, à nier qu'il était M. de Ranville. Il ne répondait pas à ce nom.

MM. de Peyronnet et de Polignac faisaient bonne contenance.

Toute tentative d'évasion de leur part serait inutile; ils sont sous la garde du brave Daumesnil.

C'est M. Gilet, capitaine de gendarmerie à Tours, nouvellement remis en activité, qui a été chargé d'amener à Paris les ex-ministres, qui étaient détenus dans cette ville. L'ordre de leur translation était arrivé le 25 août au soir. M. Naudet, aide de camp du ministre de la guerre, et Foy, neveu de l'ancien général, aide de camp du général Lafayette, en étaient les porteurs. Les prisonniers étaient escortés d'un officier et de dix gardes nationaux, d'un brigadier et de quelques gendarmes. Il y avait des estafettes en avant pour observer le pays et éclairer la route.

La route s'est faite sans descendre. On mangeait dans la voiture. MM. de Peyronnet et Guernon de Ranville n'ont rien voulu accepter ni prendre aucune nourriture pendant le voyage. Le premier était fort calme, le second très-brusque.

Les prisonniers étaient placés séparément, sans pouvoir se communiquer entre eux, et ils ne se sont vus qu'à leur descente à Vincennes. Le voyage se fit sans trouble; seulement à Chartres les voitures furent entourées par un rassemblement de sept à huit cents personnes, qui demandaient que l'on fît descendre les prisonniers, surtout pour voir M. Peyronnet. Bientôt tout se calma, et l'on se mit en route.

Les prisonniers, à leur arrivée, avaient d'abord été placés dans des chambres séparées, au troisième étage de la partie du château donnant sur le Polygone; mais ensuite on les a fait descendre pour les distribuer dans les quatre tours du donjon. Les portes de chacune des pièces qu'ils occupent, communiquent à une grande salle centrale qui a été disposée de manière à recevoir la commission de la Chambre des Députés, lorsqu'elle ira au château interroger les prisonniers.

La garde nationale de Paris formait la haie.

Pendant la translation des prisonniers, M. de Polignac s'est incliné en passant devant le peloton, tenant sa casquette à la main; M. de Peyronnet a gardé son chapeau enfoncé sur sa tête, traversant les rangs d'un air dégagé.

La commission d'enquête de la Chambre des Députés envoya plusieurs de ses membres au château de Vincennes pour faire subir un premier interrogatoire aux quatre détenus que renferme maintenant cette ancienne prison d'Etat.

———————

Le 23 septembre, M. Bérenger, au nom de la commission d'accusation de l'ancien ministère, fait son rapport, et propose d'adopter la résolution suivante :

La Chambre des Députés accuse de trahison MM. de Polignac, de Peyronnet, de Chantelauze, de Guernon de Ranville, Capelle, de Montbel, d'Haussez, ex-ministres, signataires des ordonnances du 25 juillet :

Pour avoir abusé de leur pouvoir, afin de fausser les élections, et de priver les citoyens du libre exercice de leurs droits civiques ;

Pour avoir changé arbitrairement et violemment les institutions du royaume ;

Pour s'être rendus coupables d'un complot attentatoire à la sûreté extérieure de l'Etat ;

Pour avoir excité la guerre civile en armant ou portant les citoyens à s'armer les uns contre les autres, et porté la dévastation et le massacre dans la capitale et dans plusieurs autres communes ;

Crimes prévus par l'art. 56 de la Charte de 1814, et par les art. 109, 110, 123 et 125 du Code pénal.

En conséquence, la Chambre des Députés traduit MM. de Polignac, de Peyronnet, de Chantelauze, de Guernon-Ranville, d'Haussez, Capelle et de Montbel, devant la Chambre des Pairs.

Trois commissaires pris dans le sein de la Chambre des Députés seront nommés par elle au scrutin secret et à la majorité absolue des suffrages, pour, en son nom, faire toutes les réquisitions nécessaires, faire, soutenir et mettre à fin l'accusation devant la Chambre des Pairs, à qui la présente résolution et toutes les pièces de la procédure seront immédiatement adressées.

IMPRIMERIE LE NORMANT FILS, RUE DE SEINE, Nº 8.